名人传

宋应星

百工科技的集成者

王宇清 著 卡图工作室 绘

人民文学出版社
PEOPLE'S LITERATURE PUBLISHING HOUSE

著作权合同登记：图字 01－2023－1738 号

©三民书局股份有限公司
本著作中文简体字版由三民书局股份有限公司授权上海九久读书人文化实业有限公司
与人民文学出版社在中国大陆（台湾、香港、澳门地区除外）独家出版。

图书在版编目(CIP)数据

宋应星：百工科技的集成者/王宇清著；卡图工
作室绘．—北京：人民文学出版社，2019(2024.11 重印)
（名人传）
ISBN 978-7-02-014919-3

Ⅰ．①宋…　Ⅱ．①王…　②卡…　Ⅲ．①宋应星
(1587-约 1666)-传记　Ⅳ．①K826.1

中国版本图书馆 CIP 数据核字(2019)第 010484 号

责任编辑　李　娜　吕昱雯
装帧设计　汪佳诗

出版发行　人民文学出版社
社　　址　北京市朝内大街 166 号
邮政编码　100705

印　　制　山东新华印务有限公司
经　　销　全国新华书店等

字　　数　42 千字
开　　本　890 毫米×1240 毫米　1/32
印　　张　3.125
版　　次　2019 年 4 月北京第 1 版
印　　次　2024 年 11 月第 3 次印刷

书　　号　978-7-02-014919-3
定　　价　35.00 元

如有印装质量问题，请与本社图书销售中心调换。电话：010－65233595

序

　　不论世界如何演变，科技如何发达，但凡养成了阅读习惯，这将是一生中享用不尽的财富。

　　三民书局的刘振强董事长，想必也是一位深信读书是人生最大财富的人，在读书人数往下滑落的多元化时代，他仍然坚信读书的重要性。刘董事长也时常感念，在他困苦贫穷的青少年时期，是书使他坚强向上；在社会普遍困苦、生活简陋的年代，也是书成了他最好的良伴。他希望在他的有生之年，分享这份资产，让其他读者可以充分使用。

　　"名人传"系列规划出版有关文学、艺术、人文、政治与科学等各行各业有贡献的人物故事，邀请各领域专业的学者、作家同心协力编写，费时多年，分梯次出版。在越来越多元化的世界中，每个人都有各自的才华与潜力，每个朝代也都有其可歌可泣的故事，但是在故事背后所具有的一个共同点，就是每个传记主人公在困苦中不屈不挠的经历，这些经历经由各位作者用心查阅有关资料，再三推敲求证，再以文学之笔，写出了有趣而感人的故事。

西谚有云：世界因有各式各样不同的人，才更加多彩多姿。这套书就是以"人"的故事为主旨，不刻意美化主人公，以他们的生活经历为主轴，深入描写他们成长的环境、家庭教育与童年生活，深入探索是什么因素造成了他们的与众不同，是什么力量驱动了他们锲而不舍地前行。以日常生活中的小故事来描写出这些人为什么能使梦想成真，尤其在阅读这些作品时，能于心领神会中得到灵感。

和一般从外文翻译出来的伟人传记所不同的是，此套书的特色是由熟悉文学的作者用心收集资料，将知识融入有趣的故事，并以文学之笔，深入浅出写出适合大多数人阅读的人物传记。在探讨每位人物的内在心理因素之余，也希望读者从阅读中激励出个人内在的潜力和梦想。我相信每个人都会发呆做梦，当你发呆和做梦的同时，书是你最私密的好友。在阅读中，没有批判和讥讽，却可随书中的主人公海阔天空一起遨游，或狂想或计划，而成为心灵

知交。不仅留下从阅读中得到的神交良伴（一个回忆），如果能家人共读，读后一起讨论，绵绵相传，留下共同回忆，何尝不是一派幸福的场景！

　　谨以此套"名人传"丛书送给所有爱读书的人。你们都是世界上最幸福的人，因为一直有书为伴，与爱同行。

目 录

名人传

宋应星

1587—1666

前言

　　在科学发展史上，中国曾扮演着很重要的角色。中国的历史上，出现过好几位非常杰出的科学家，如在南北朝便已精确算出圆周率的祖冲之；宋代写出《梦溪笔谈》的沈括；明朝初期研究草药与医术，写出《本草纲目》的李时珍。他们的成就受到世界的肯定，也成为中国人的光荣。

　　而今天要介绍的同样是"中国之光"——写出闻名世界的《天工开物》的杰出科学家宋应星。

　　宋应星的《天工开物》究竟是一本什么样的书呢？这本书有什么重要意义？又是在什么样的状况下完成的呢？而写这本书的宋应星，又是怎样的一个人呢？

　　别急，让我们一步步来了解。

　　《天工开物》是一本农工科技书。全书共有十八篇，内容包括了农业机械、纺织工业、金属冶炼、水利工程、作物栽培与病虫害防治、食品化学、兵器、造船工业，以及其他手工艺和轻工业，是中国历史上第一部从专业技术角度，整理研究农业和手工业等方面的书，也可以称得上是一本技术百科全书。这是宋应星花费了大半生的时间游历各地，并辛苦地将所见所闻记录下来，再整理编写而成的。

《天工开物》至今仍是一部备受肯定的作品，宋应星在历史上也留下了不朽的名声，因此我们常常把他定位为一位科学家。其实宋应星也是一位博学多闻的学者，他的著作内容广泛，并且都有很高的成就。

但很少有人知道《天工开物》写成的背后，有着长长的失意故事……

1. 宋应星出世的时代

宋应星出生于明朝，这个朝代介于元朝、清朝这两个少数民族统治的朝代之间，在历史上是十分少见的。在推翻元朝后，明朝采取的政治体制，依循的是汉族传统的政治系统。

明朝的开国皇帝朱元璋虽出身草莽，知道民不聊生的痛苦，却眼光短浅，度量狭小，无时无刻不在担心政权会受到威胁，因此对身边的官员无法完全信任。

虽然中国历代皇帝为了巩固自己的地位，向来在制定国家的各种法令与制度时，都以自身利益为第一考量，但朱元璋变本加厉，使得明朝成为历史上极度专制集权的朝代。

朱元璋对整个政治制度最大的改变，就是废除了传统的宰相制度。自秦代以来，宰相一职的作用除了辅佐皇帝处理重要的国事，担任文武百官的首领之外，还能监督皇帝，避免皇帝流于专断、滥用特权。宰相是否有足够的智慧、良心和勇气去引导皇帝，与皇帝是否具有足够的胸襟去接纳宰相的谏言，与国家的兴衰有很大的关联。

朱元璋实行君主专制，为明朝播下了不安定的种子。他知道宰相对皇帝的制约能力，但即便统帅了吏、户、礼、兵、刑、工六个部门的宰相权力再大，也需要皇帝愿意接纳建议，才能发挥制衡的作用。而他想独揽所有的权力，于是以谋反的罪名将宰相胡惟庸处死，并下令后世不得设立宰相，若有人再建议立相，立即处死。自此，明朝走向绝对的集权统治。

各个行政部门失去了领导者，成了完全听命于皇帝的执行机构，而本身没有决策的能力。朱元璋本人精明干练，因此行政上还无大碍，可是他的子孙并非每个都如他一般，所以到了明朝中后期，便乱象渐生。

另一方面，朱元璋设立殿阁大学士作为咨询对象，可是并没有赋予其适当的权力。到了明朝中后期，大学士的权力逐渐扩张，和皇帝之间常常有权力上的冲突，可是没有设立适当的制度来平衡。因此，宦官得以搬弄是非，使得皇帝与大学士之间互相猜忌怨恨，最后趁机夺得大权。

中央集权给明朝带来的弊病日益沉重，加上八股考试对读书人思想的钳制，整个社会弥漫着迂腐不实的风气，明朝慢慢地走向衰败的边缘。

不过，政治的腐败恶化，并没有影响到民间生产力的提升。在明朝时，中国传统的农业社会逐渐转型，工商业日渐繁荣，其中又以纺织业最为发达。但尽管当时以宫廷、官吏、地主、都市富豪为中心的明末都市生活非常繁荣，工商业所带来的财富，却并没有使百姓的生活变得安乐，他们反而要负担起庞大的税金，生活十分穷困艰难。尤其是农民与地主阶级之间，由于土地兼并的情形越来越严重，农民所承受的赋税日益繁重，生活困苦，长久累积下来的怨气，导致农民的反抗斗争不断发生，最后瓦解了明朝的政权。

宋应星出生时，当朝皇帝为明神宗朱翊钧。他在位四十八年（1573—1620），不理朝政，整天在后宫与宫女戏耍玩乐，过着放纵奢华、酒池肉林的荒唐生活。他从万历十七年（1589）以后，就不再上朝，把朝政大权全部交给他所宠幸的宦官，任凭他们为非作歹。内阁官员有空缺，他也不替补，整个朝廷的运作几乎瘫痪。到了万历后期，朝廷内阁竟然先后有叶向高、方从哲独相的景象。无奈的方从哲曾经上书奏请皇帝补齐阁员，没想到神宗竟然回答："有你一个人就绰绰有余了，不必再增加人手了！"

整日窝在皇宫里贪图享乐而不问政事的明神宗，却不忘记从人民的身上榨取钱财，来满足他挥金如土的欲望。他派出大批矿监税使，在城镇关隘、交通要道设立了重重的关卡，用来课征各种税，对百姓层层剥削。

明神宗的皇后没有生子，而王恭妃生了长子常洛，后来郑贵妃生第三子常洵，郑贵妃因此被晋封为皇贵妃。按照常规，应当立常洛为太子，然而神宗宠爱郑贵妃，想立常洵为太子。因此立太子的事拖延了十多年。在这段时间中，许多朝臣上书反对册封常洵。而郑贵妃早有让常洵当太子的野心，与支持立常洛为太子的正统派朝臣展开了斗争。

正统派朝臣的意见与明神宗不一致，因此不少官员遭到贬降，吏部郎中顾宪成①即为一例。顾宪成请求立常洛为皇太子，并将具有野心的朝臣沈一贯②逐出朝廷。不料，心智早已被蒙蔽的神宗，不但不明白顾宪成的苦心，还为此大为震怒，将顾宪成革职。顾宪成失去官职之后，返回故乡无锡，与高攀龙等人成立东林书院，利用讲学，议论朝政，抨击当权者，东林书院因此成为舆论中心。因此他们被人称为东林党，顾宪成也成为东林党领袖之一。

由于宦官专权的情形越来越严重，政治腐败黑暗，朝廷中逢迎明神宗的官员趁机与宦官所形成的阉党串通一气，一面扩张自己的势力，一面排除异己；而较为正派的官员开始挺身批评朝政，反对宦官专权，力图改革现状，

---

① 顾宪成（1550—1612）：字叔时，号泾阳，世称东林先生，无锡张泾桥人。万历四年（1576），举乡试第一。万历八年考中进士，授户部主事，后官至吏部文选郎中。万历四十年，顾宪成在张泾桥老家逝世，崇祯初追封顾宪成为吏部右侍郎，谥号"端文"。
② 沈一贯（1531—1615）：字肩吾，号龙江，鄞县（今浙江宁波）人，隆庆三年（1569）进士。沈一贯进入内阁后，表面上参与抨击宦官，背地里却结党营私，排除异己，在朝廷中造成了很坏的风气。在沈一贯执政后期，他的乱政使全国人心惶惶，反对他的人与日俱增，他只好借口生病，躲在家中十年，去世时享年八十四岁。

以挽救明朝的危机。

阉党与东林党两股势力相互仇视对立，形成了明朝的党争。此后，各种因斗争所引起的弊案接连不断地发生。

经过一连串斗争，明神宗终于屈服，按照常规，立常洛为太子。为稳固常洛的地位，东林党人力主福王①常洵移居洛阳，因此暂时获得朝廷的主导权。万历四十三年，宫廷里发生了传闻是郑贵妃②指使的"梃击案"。一名刺客持棍闯入太子宫，将守门卫兵打伤，后来被抓获。然而明神宗却没有追查这件事，使这个攻击案的幕后主使者全身而退，引起朝廷上下的强烈不满。

万历四十八年，神宗驾崩，常洛继位，是为光宗。光宗即位不到一个月，便被宦官以"红丸"毒死③。

_____

① 朱常洵在万历二十九年（1601）被封为福王。
② 万历四十一年，奸臣孔学为了陷害太子常洛，牵连郑贵妃，梃击案又有服侍郑贵妃的太监参与，因此朝臣对郑贵妃都持有负面评价。神宗去世之后，郑贵妃仍住在乾清宫，并命令光宗封她为皇太后，受到朝廷诸臣的反对，被移居到慈宁宫。
③ 明光宗朱常洛于万历四十八年八月初一登基，年号泰昌。郑贵妃知道光宗是一个好色的皇帝，向他进献美女。光宗耽溺酒色，十日就病倒了。太监崔文升进以泻药，病情加剧；八月二十九日，又因服用李可灼进献的红丸，九月一日五更时暴毙，时年三十九岁，在位仅二十九天。廷臣纷纷议论，是为著名的"红丸案"。

"红丸案"连同先前的"梃击案"与后来的"移宫案"①，这一连串的疑案显示出明王朝的衰亡已经无可挽回。此后继位的明熹宗，既昏庸又无能，朝政全由宦官魏忠贤一手把持。魏忠贤的个性凶狠残暴、阴险狡诈，他还成立自己的情报机构，用毫无人性的方式残害与自己意见不同的人。他的这些爪牙密布各处，仿佛间谍一般，只要发现有人与自己为敌，立刻暗杀。朝廷笼罩在一股恐怖的气氛中，人人自危，没有人敢发表意见。

明朝的局势，至此已经病入膏肓。朝廷中有阉党和东林党间的相互斗争，社会上则有农民、渔民、工人的群起暴动。

万历二十九年，苏州的织工葛诚因受不了地方税监孙隆的横征暴敛及无情压榨，与其他手工业的工人组织了一支队伍，群起反抗。他们驱杀税监、矿监，接二连三发起

---

① 移宫案：万历四十八年八月，明光宗即位后，由他的宠妃李选侍负责照顾皇长子朱由校，迁入乾清宫。不到一个月后，光宗死于红丸案。李氏与魏忠贤密谋，企图挟持朱由校操纵朝政。杨涟、左光斗等大臣为了防止这个阴谋，逼迫李选侍搬到仁寿殿哕鸾宫去，并拥立朱由校即位。梃击案、红丸案和移宫案，实际上都是万历末年激烈党争的反映。

各种反抗政府的活动，还包围了衙门，打死税监的爪牙，打跑了税监孙隆。

天启七年（1628），陕西省发生了严重的旱灾，饥饿的灾民因为受不了生活的困苦，组成起义军揭竿而起，引发暴动。在短短的时间内，起义军便迅速扩张到上百万人。其中最为著名的领袖有李自成 ① 和张献忠 ②。

就在明朝的政局充满斗争，社会充满暴动时，东北境外的清兵正在积极练兵，势力日益强大，随时就要大举南下了。

宋应星，就身处这样的年代。

---

① 李自成：本名鸿基，崇祯二年（1629）参加张存孟的起义军。后来随着起义军的声势逐渐高涨，李自成被起义军的部属推举为"闯王"。1644年，李自成率军攻陷北京城，终结了明朝的统治。
② 张献忠：延安柳树涧人。崇祯三年（1630），陕西发生饥民的暴动，暴民首领王嘉胤占据官府，张献忠聚集群众于米脂十八寨与他相呼应，并且自称为八大王。

2. 宋应星的家庭

宋应星，字长庚，出生于万历十五年（1587），江西南昌奉新县人。

宋家的祖先本姓熊。元朝末年，先祖熊定五在南昌府丰城县担任驿丞，由于当时兵荒马乱，他就放弃了官职，带着妻子宋氏，迁居到奉新县雅溪南岸，并改姓宋，务农为生。

到了明朝初期，朱元璋奖励开垦，免除三年的征税。当时的奉新县北乡，还是一片荒芜，人烟稀少，宋家趁着这个机会，开垦荒地，种植作物。家业由此蓬勃发展起来，宋家雇用众多长工，并出租田地给其他农民，渐渐成为地方上的首富。

一直到宋应星的曾祖父宋景这一代，凭借着优渥的家境，走上读书仕进的道路。宋景在明孝宗弘治十八年

（1505）考上进士，被委任为山东参政。此后宋景的仕途十分顺遂，曾经担任南京工部尚书、南京吏部尚书转兵部尚书，最高官至都察院左都御史，死后被追赠吏部尚书。宋家当时既是大地主，又是官宦门第，俨然已成为当地的名门望族。

宋景共有五个儿子，宋应星的祖父宋承庆排行第三。他是个博学进取、文采斐然的读书人，但不幸二十六岁就英年早逝了，留下了年轻的妻子顾氏和不满周岁的儿子宋国霖。

顾氏希望能将宋国霖培育成材，于是请丈夫的弟弟宋和庆代为教育。宋和庆是进士出身，曾经担任过浙江安吉州同知，并且很快被拔擢为广西柳州府通判。不过此时他已经辞去官职，回到故乡过清闲的生活。对于兄长的遗孤，他义不容辞地担负起教育的责任。

宋国霖从小体弱多病，又没有其他兄弟姐妹陪伴，因此顾氏对宋国霖的照顾尤为小心谨慎，生怕他身体出状况。除了儿子的身体状况，顾氏更担心他无法延续宋家的血脉。虽然宋国霖的原配夫人甘氏曾生下一个女儿，但直到三十岁，宋国霖还没有儿子，顾氏便又为他娶了第二房太太，也就是宋应星的母亲魏氏。

由于受到母亲的宠爱和保护，宋国霖过着养尊处优的生活，不思功名，也不懂得如何管理家业。加上当时政治局势动荡，宋家不再享有从前的荣华，因此家业迅速没落，往昔的风光成为过往云烟了。

说到宋应星的成才之路，就不能不提到对宋应星影响深远的母亲。

魏氏是奉新县一户农家的女儿，性格坚毅。她嫁到宋家不到两年，便遇上一场猛烈的火灾。这场大火吞噬了宋家的许多房舍和财物，这对家道中落的宋家来说，犹如雪上加霜。不过魏氏并没有怨天尤人，反而一肩挑起家中里里外外的事务，除了洗衣烧饭，伺候婆婆、丈夫以及甘氏，更要照料家中长工们的伙食。她从清晨忙碌至夜晚，常常是等到全家用膳完毕之后，才能够休息一会儿，吃些残羹剩饭。

魏氏在宋国霖三十一岁时生下了一个儿子，也就是宋应星的哥哥宋应昇。在宋应昇十岁的时候，宋应星出世。

宋应昇比宋应星年长九岁，担负起了照顾弟弟的责

任。两人感情深厚，总是形影不离。宋应昇和宋应星的个性截然不同，宋应昇沉稳内敛，宋应星活泼伶俐。宋应昇在书桌前认真读书时，年纪小的宋应星却常常坐不住，吵着要哥哥带他出去玩耍。宋应昇拗不过，就会带着宋应星去四处走走看看。宋应星从小就是一个充满好奇心的孩子，对于各种农耕器具都表现出浓烈的兴趣。

有一次，他们跟着家里的长工到田里去。宋应星看到长工正赶着水牛在耕田，牛的身上挂着一种木制的奇怪架子，在泥土里拖行。他好奇地问长工说："牛的身上挂的是什么啊？那是要做什么用的呢？"

长工看着宋应星天真又认真的眼睛，就放下手上的工作回答说："哈哈，你对这个有兴趣啊？我告诉你，这是用来把泥土翻松的工具，叫作犁。当牛拖着它的时候，农夫会在后面扶着，慢慢前进，然后就能够把底层的泥土翻到上面来，泥土就会变得松软，稻子就会长得更好。"

宋应星听得津津有味，心想："这真是有用的发明呀！可以利用牛的力量来帮助农夫，发明它的人实在太聪明了！"

接着，他们又随着长工来到河边，看见一群农夫正在奋力踩着水车。水车转动，水花四溅，闪闪发光，看得宋应星目瞪口呆。原本宋应星又想发问，可是看农夫在烈日下忙得汗如雨下，他不好意思再打扰。但他仔细观察，发现农夫踩着水车，不但能给水槽加满水，还使得水槽中的水流进田中灌溉农作物，这真是太有趣了。

这一次出门的所见所闻，为宋应星日后撰写《天工开物》埋下了一颗种子。

母亲魏氏对宋应昇和宋应星两兄弟非常用心，虽然每天要处理家中的各种事务，但是也没有忽略对兄弟俩的管教。

看着两个孩子渐渐长大，魏氏开始担忧起两人的教育问题。魏氏并没有受过多少教育，所以无法给两兄弟更多的启蒙。为了孩子的教育心急如焚的魏氏，苦思良久，终于想到一位合适的人选，那就是宋应星兄弟的叔祖父宋和庆。

3. 求学之路

　　宋和庆听完魏氏的请求之后，爽快地接下教育宋应昇兄弟俩的任务。宋应星和宋应昇便在宋和庆的家塾开始了求学生涯。

　　宋和庆一开始先教导兄弟俩背诵一些启蒙读物，如《三字经》《百家姓》《千字文》《千家诗》等。等到兄弟俩的基础稳固了，他便进一步教授他们"四书""五经"等较艰深的典籍。

　　宋和庆并没有因为他们是自己的侄孙而采取宽松的教育态度，完全按照古时私塾的规矩，严厉地管教。他不仅要求兄弟俩背诵长篇的文章，还要求流畅无误。如果稍有停顿或错误，兄弟俩就会被斥责，甚至重罚。

　　宋和庆虽然在课堂上一丝不苟，私底下却常常鼓励他们。他经常对他们说起宋家祖先的姓氏如何从熊变成宋，说起祖先如何一路开垦拓荒、辛勤耕耘，才有今日的基业。尤其在说到他们的曾祖父宋景时，他更是滔滔不绝、眉飞色舞地对两兄弟说道："我的父亲，也就是你们的曾祖父，三十岁的时候就中了进士，官做到吏部尚书！每日朝见皇帝，日理万机，处理国家许多重要事务，多么光荣！"接着，他露出期许的眼光，继续说："而我也继承了父亲的志业，考上进士，在朝为官。只可惜你们的祖父身体不好，英年早逝，没有机会成就功名；而你们的父亲，也与功名无缘。我们宋家祖先的光荣与成就，就留待你们去继承开创！"

在叔祖父严格教诲与激昂鼓励之下，兄弟俩废寝忘食地苦读了八年。

这时宋和庆已经七十多岁了，无力再继续教育宋应星和宋应昇，于是就让他们的远房叔叔宋国祚来教导。

宋国祚是一个饱读诗书、博学多闻的人，诗词曲赋样样精通。不过，他生性淡泊名利，不求仕进，把他的所知所学都用在教育后生晚辈上。

这对宋家两兄弟来说，是一件再幸运不过的事。有这么一位专注教育的优秀老师，对他们的学习当然有良好的助益。

有一天，宋应星身体不舒服，起床晚了，眼看就要错过宋国祚的晨课。宋国祚规定，每个学生在每天晨课都必须要背熟七篇文章，并且在晨课结束前要抽背，检验学生是不是真的背得滚瓜烂熟。宋应星刚到学堂外，就遇上老师点名哥哥抽背今天晨课新记诵的课文。

迟到的宋应星，没有经过老师的允许，不敢进入学堂，只能站在门边，等着被老师责备。

宋应昇正确流畅地把文章背完，老师称赞了他几句后，立刻板起脸，转头对宋应星说："你既然都迟到了，还不赶快进来背诵课文！"

没想到宋应星并没有惊慌失措，反而直接开始背诵起课文，并且一口气将七篇课文一字不差地背完。

宋国祚没料到宋应星可以如此流畅地背诵课文，一时惊讶，拍了一下桌子。

宋应星吓了一大跳，以为老师要斥责自己，紧张得不得了。

只见宋国祚脸上露出了笑容，问道："应星，你为什么背得这么流利？"

宋应星连忙回答："禀告老师，刚才学生迟到，站在门边，恰巧听见哥哥在背诵课文，便凝聚精神，专心聆听，好像做梦一样，这些课文就全部都记在脑海中了。您要我背诵这些课文的时候，我又好像从梦境中醒过来一样，课文的每一字、每一句都非常熟悉。"

宋国祚非常高兴，他知道宋应星天赋异禀，超乎常人，因此更加认真严厉地指导宋应星。而宋应星少年英才的名声也渐为乡里所知。

宋应星确实是勤奋用功的好学生。随着年岁渐长，他也更广泛深入地阅读了各种重要的典籍。其中包括儒家的十三经①，还有张载、朱熹、周敦颐、程颐等理学大家的著作。诸子百家的论述，他都能融会贯通，不拘泥于死记硬背，甚至能够举出不够完备的地方，加以补充。

就这样，宋应星在严谨扎实的教育下，熟习了各种文

_____

① 十三经：即《易》《书》《诗》《周礼》《仪礼》《礼记》《春秋》《左传》《公羊传》《穀梁传》《论语》《孝经》《尔雅》。

体写作的方法，具备了应付科举考试的基本知识和技巧。

面对繁重的课业，宋应星偶尔也会感到疲惫。而他排解压力的方法，便是趁着假日或者闲暇时，跟着哥哥和同学等人，一同到奉新县城或郊外去游历。这些旅游的经验，开阔了他的视野和心胸。随着游历的范围越来越广，宋应星渐渐地不再满足于现有的学问了。

决心更上一层楼的宋应星，和哥哥一同投到新建学者邓良知的门下学习。

邓良知的门下，除了宋应星兄弟，还有宋应星的堂叔宋国璋（宋和庆之子）、远房侄子宋士中（堂兄宋应和之子）等人。

后来，邓良知考中了进士，当官去了。他被派到南直隶宜城担任县令，后来又担任福建建兴泉兵备道，并且在福建平定倭寇的战役中，展现了沉着灵活的领导能力，立下了功劳。这件事对宋应星来说，是一个极大的鼓励，他十分向往能成为像老师一样有作为的读书人。

在送别老师之后，宋应星和其他同窗相约一同前往南昌，拜当地著名的学者舒曰敬为师。

一身正气傲骨，不媚俗、不讨好权贵的舒曰敬，除了因才华出众而令人佩服外，在他出任泰兴县令时，还有一件让人津津乐道的逸事。

当时在泰兴县，有一个恶名昭彰的地痞流氓，名叫张耀，到处为非作歹。然而仗着知府的庇护，张耀一直没受到应有的惩罚。舒曰敬一到任，得知实情，便将张耀逮捕至公堂进行审判，并依法把张耀杖毙。

事后知府怪罪舒曰敬处理不当，处处为难他。舒曰敬一点也不抗争辩解，毅然地将乌纱帽摘下，毫不眷恋，潇洒地拂袖而去，返回故乡，开始致力于教育后生的工作。

他的学识与气节远近皆知，许多著名的私人书院都邀请他前往讲学，例如紫阳山书院、白鹿洞书院等。他精心指导，培养了许多文人名士。他在教育上卓越的贡献，甚至还传到崇祯皇帝的耳中，皇帝曾多次邀请他入阁担任重要的官职，但都被他婉拒了。

在邓良知与舒曰敬这些良师言传身教的熏陶下，宋应星不仅在学识上有长足的进步，对于当时的官场文化也有了较深的认识。而舒曰敬体恤百姓的仁心和不惧权贵的正

气，更深深烙在宋应星的心中。

除了科举考试的典籍，宋应星对音乐、棋艺也颇有涉猎。对科学技术相关的知识，他的求知欲就更强烈了。

宋应星就在这样的环境里不停地努力求取学问，并和同窗同学互相切磋，期望自己能够在科举考试中有优异的表现，从而走上仕途，为国家百姓尽一份心力。

事实上，宋应星与宋应昇还肩负着家族的期望——希望他们两个能够继承祖父的志业，和父亲未能达成的理想。虽然担子沉重，但是宋应星并没有因此逃避。相反，他和哥哥相互鼓舞，期待能够功成名就光宗耀祖。在宋应星老家村落的入口，立着一座刻有"三代尚书"的石牌坊，这是为宋应星的曾祖父宋景所立的，也是宋家的光荣！宋应星每每举头望见这个牌坊，内心就会为之一振，一方面深感荣耀，另一方面更督促自己不可懈怠，要继承曾祖父的志业。

4. 漫漫科举路

万历四十三年（1615），宋应星二十九岁，他与哥哥宋应昇一齐前往省城南昌参加乡试。

这一次的乡试，全江西省有超过一万人参加，却只有一百零九人能够上榜。虽然只是乡试，但第一次参加考试的宋应星，面对这么多竞争者，仍不敢掉以轻心。

试卷一发下，他深深地吸了一口气，告诉自己："养兵千日，用在一朝，我一定可以考得好！"接着振笔疾书，顺利地将试题答完了。

乡试结果公布，宋应星在万人之中脱颖而出，高中第三！宋应昇则名列第六。而与他们两个同时列榜的奉新县

同学，有好友涂绍煃①和姜曰广②。

得知这样的好消息，宋家自然是欣喜万分。奉新县的考生中，宋家便有两兄弟中举，因此，他们两人被称为"奉新二宋"。初战告捷，宋应星和哥哥马上到祖坟祭拜，告诉曾祖父宋景这个好消息。兄弟俩也没有忘记叩谢自己的启蒙老师——叔祖父宋和庆，感谢他的指导。

宋和庆对这两个侄孙本来就十分看好，现在更是满心欢喜，同时还不忘勉励他们："你们两个表现得很好，今后还要更加努力，还有更艰难的考试在等着你们呢！"

兄弟俩心里也明白，乡试中举固然是一件喜事，但这只是通往进士之路的起点而已。宋应星丝毫不敢松懈，和哥哥收起中举的喜悦，更加认真地准备进京赶考。不过，乡试的好成绩的确给宋应星打了一支强心针，让他对仕进

---

① 涂绍煃：涂绍煃和宋应星是舒曰敬门下的学生，并在同一年中举。涂绍煃是宋应星非常要好的朋友，两人心意相通，无话不谈，而且还是亲家。宋应星的《天工开物》也是由涂绍煃协助刊印的。

② 姜曰广：字居之，号燕及，江西新建人。1615年和宋应星同榜中举，1619年中进士。1644年以后，姜曰广和史可法等人在南京商议拥立潞王，建立南明朝廷，但马士英一伙阉党却主张拥立昏庸的福王。姜曰广被马士英排挤，便辞去官位，返回江西。宋应昇的次女嫁给了姜曰广的孙子姜鹿初，因此，姜曰广也是宋家的亲家。

的路途有了一些信心。

这年冬天，兄弟俩怀着忐忑的心情，乘船向京城出发了。

飒飒的寒风中，同样进京赶考，兄弟俩的心情却不太相同。

宋应昇当时已经三十八岁了，他心里所想的，是尽快求得功名，如何一试中举。

而或许是因为年纪较轻，宋应星则认为，自己从小到大没有机会远游，这一趟进京赶考是难得的机会，所以绝不能虚度此行。这一趟路途，要经过江西、湖广、南直隶、北直隶，这和从前只能在省城附近的名胜古迹游玩的经历大不相同，对向来喜爱游历观察的宋应星来说，实在太令他兴奋了。他一路上兴致盎然，一面吟诗①，一面仔细考察沿途风光，记录下所见的风土民情、技艺物产、社会情势等。

每经过一个地方，宋应星都会特别留意当地的特殊产

---

① 宋应星在应考的船上所写的诗为："余年近三十，足不离郡党。每每展舆图，时时寄梦想。吾兄亦复然，遐征从日方。去去燕山劳，金台延郭郎。南阳岂笑我，轻舟正破浪。"

业与产物。他会走到乡野中，和农人访谈闲聊，聊农作物的收成，也聊各种耕种的方法。对各种生产技术有浓厚兴趣的他，也会到工场去参观，并提出问题，寻求解答。宋应星渐渐发现，在这些人们觉得再平常不过的工作中，有令人意想不到的智慧与经验的累积，更有许多是在书本中读不到的。

兄弟俩就这样在旅途中相互陪伴，在乘舟时研讨学问，吟诗作对，抒情发论。遇到乘车或是走路的时候，他们就沿途探访，观察记录。山川风景就在两人不停的跋涉中变换流转，不知不觉间，万历四十四年的京城会试近在眼前了。

全国各地中举的精英齐聚北京，在京师的礼部门前等候。考生们带着自己准备的装有粮食的篮子，排队等着出示证明文件，核对身份和资格，在经过严密的搜身程序，证明没有夹带违禁品之后，才被准许进入考场。

考场内纪律严明，更透出一股紧张的气氛。每个考生被分配到一个小小的房间。

宋应星面对这样的环境，不免紧张起来。于是他开

始默默背诵宋真宗的《励学篇》来稳定自己不安的心绪："富家不用买良田，书中自有千钟粟。安房不用架高梁，书中自有黄金屋。娶妻莫恨无良媒，书中自有颜如玉。出门莫恨无人随，书中车马多如簇。男儿欲遂平生志，五经勤向窗前读。"宋应星闭眼在心中一遍又一遍念着，不知经过了多久的时间，他突然听见了监考官叫他的名字。他睁开眼睛，步入试场。

宋应星专注在试卷上，振笔疾书，忘记了时间，也忘记了寒冷。

寒窗苦读了几十个年头，换来对经史子集的倒背如流；几十年的青春岁月，换来对八股文写作的通透娴熟。尽管心中忐忑不安，宋应星兄弟充满信心地等待着放榜，希望能功成名就，返乡报喜。

然而出人意料的是，宋应星兄弟双双落榜，名落孙山。难道几十年来的辛苦努力，都付诸流水？

对宋应星兄弟来说，这个结果简直是晴天霹雳。问题究竟出在哪里呢？是文不对题，错引经典？还是行文的内容不得主考官青睐？他们百思不得其解，只能用运气不佳来自我安慰。

"一次不行，就再试一次吧！不必因此妄自菲薄！"宋应星兄弟并没有因为这一次的落榜而放弃希望。

他们两个互相勉励，返回奉新之后要更加努力，为三年之后的会试做准备。

一上公车①不成功，二上公车一定要金榜题名！

宋家兄弟第二次进京赶考。这次，同行的还有舅父甘吉阳。但是，这一次的会试，三个人全都榜上无名！

考中进士的理想真的距离他们如此遥远吗？对苦读了将近三十年的宋应星而言，仕进之途像是一条不能回头的路，一旦放弃了，往日的辛苦煎熬不就白费了吗？此后接连在天启二年（1622）、天启五年（1625）的两次会试，舅甥三人坚持不懈地前去赴考，却仍然榜上无名。舅父甘吉阳年事已高，面对这样的打击，已经无力继续奋斗了。不过他仍然鼓励宋应星说："我已年老力衰，只能空留遗憾。你还年轻，还曾是奉新举人第三名，我相信你一定有

---

① 公车：在汉代的时候，朝廷会派出公家的车马来专程接送应征的人。因此，沿袭下来，"上公车"便成为进京会试的代称。

中进士的实力，你要好好坚持下去。"

宋应昇此时也已年逾半百，心境上同样感慨万千，不过，他还没有放弃。看看自己渐渐发白的鬓发，他强振起精神，对弟弟说："应星，你我考了四次都不成功，或许是命运的安排。我虽已年逾半百，但对于一直以来抱持的梦想和努力，仍不愿放弃。我决定和你一同参加三年后的会试。虽然曾祖父三十岁便中进士，不过，叔祖父中进士时，也已四十五岁。恩师邓良知中进士时更已五十六岁。看看这些前辈，我们实在不该就此放弃！"

面对这些鼓励，宋应星激动不已，心中原有的失意和怨叹，也不再那么强烈了。想想兄弟相伴参加科举十几年，两人一路相互扶持鼓励，哥哥年纪较长，还壮志未消，自己又怎么能够消沉？于是他振作起精神，准备和哥哥五上公车。

从第一次落榜，到第五次参加会试，宋应星兄弟又苦读了十六个寒暑，原本精熟的经书诗文更加炉火纯青，八股文写作更是得心应手了。经过这些年的历练，从小便被夸赞聪颖过人的宋应星兄弟，已经变得内敛沉稳，不似年

少时那般自信张扬。宋应星对于科举是否能够中第，也不像当初那样充满期待了。他和哥哥只是照着一定的步调，把曾经念过的书和做过的功课，一次又一次不厌其烦地重新复习。读这些书，早已成为生活的一部分，没有少年时期读书时的那种急躁与狂热，只有平淡。

然而，第五次应试，他们竟然还是双双落榜！

从二十九岁开始参加科举考试迄今，已度过十六载。宋应星已是四十五岁的中年人了。为了科举考试，他几乎耗尽了所有的家产；长途奔波跋涉，也虚掷了自己宝贵的青春。面对家里的妻儿，宋应星百感交集，既不甘心，又无奈，该不该继续走科举的路呢？多年的努力难道真是一场空吗？

残酷的现实，迫使宋应星从"学而优则仕"的想法中脱离出来；五次长途跋涉，水陆兼程，也打开了他的眼界。宋应星沿途考察风俗民情、田野作坊，在与农民、工人等劳动人民的访谈中，学得了不少农业和手工业的知识与技术，同时也逐渐感受到社会风气的转变与政治的腐败。这些所见所闻，都为他日后写作《天工开物》打下了

坚实的基础。

在这几次进京会试的途中，宋应星亲眼目睹了明末社会的实际情况。例如宋应星曾经亲眼看见，仪真和京口间虽然只隔了一条江，短短几里路，却设置了两道税关，对过往的百姓收税。这一路上关卡林立，往来多次，宋应星有了深沉的感触。

而这些税官们除了将搜刮来的钱财上缴给宦官外，还对一般工商业主以及普通百姓征收苛捐杂税，再次无情压榨。另外，朝廷借口训练兵力以对抗后金和剿灭农民军，还要向人民加征"辽饷""剿饷"和"练饷"三种饷金。一般老百姓，生活早已十分困苦，面对层层的剥削，负担更是沉重。人民怨声载道，居于上位的官员却充耳不闻，而长期为了科举考试来回奔波的宋应星，把这一切都看在眼里。

对于像宋应星这样的读书人来说，这些情况是无法从书本中了解到的。只有通过实际走访民间，才能真正观察和体验到当时社会的实际情况，了解明末政治和社会风气的败坏。宋应星还听说魏忠贤的干儿子崔呈秀买通了考官，让自己不学无术的儿子金榜题名。这样营私舞弊的事件层出不穷，百姓虽然议论纷纷，却也无法遏止。科举考试已被宦官所把持，成为他们装点门面、粉饰太平的阴谋手段。宋应星逐渐意识到，科举考试已经变成一种对社会毫无助益的虚妄游戏，学子们投入大量的青春，却只会被蒙蔽良知，漠视国家的危难与社会的困境，陷在书斋里变成麻木不仁的书呆子。随着一次次的会试失败，宋应星对科举制度的厌恶也日益加强。所幸，他并没有丧失追求良知与知识的传统价值观，转向批判社会的各种弊端与不公，并积极研究与民生有关的实用科学。

宋应星花了半辈子的时间，依循传统读书人的价值观去追寻梦想，如今才逐渐了解生不逢时的无奈。

于是他的心念一转，下决心远离科举，转向实际，钻研与国计民生有密切关系的科学技术。

这是他一生中的重要转折。

5. 教学与研究的生活

宋应星回到家中,将自己的书斋命名为"家食之问堂",来表明自己看破科举的心境。

"家食"二字,出自《易经·大畜》,原文是"不家食,吉"。意思是说,要妥善地使用做官的俸禄,让有贤德的人不必在家中自食其力,也就是为政者要能举用贤能的人。

宋应星在这里是刻意采用了相反的意思,一方面用来表达对时局与科举舞弊的感慨,一方面更用以勉励自己,不再追求官场的俸禄,在家做个普通人,研究自食其力的学问,也就是农业和工业技术的学问。

尽管能够认清现实,宋应星还是消沉了好一阵子。加上父亲宋国霖、母亲魏氏在两年间相继过世,家中又添丁,对早已衰落的宋家而言,经济上的负荷越来越沉重。

种种生活的压力压在宋应星的身上，他知道，不能够再这样一蹶不振了。

哥哥宋应昇受到地方官府的荐举，到浙江桐县担任县令去了。为了生活，他也决定像哥哥一样，谋得一个官职来养家糊口，并且可以利用工作上的便利，进行民生实用学问的研究工作。

崇祯七年（1634），宋应星在离奉新不远处的分宜县谋到一个教谕的官职。教谕是管理县学的小官，薪俸也很微薄。不过，这段时间，却是宋应星一生中极重要的时期。他最有名的作品《天工开物》就是在这段时间里写成的。

在县学中担任教育二十名学生的工作，以他的学识见闻而言，自然是轻松愉快的。靠着这一份微薄的薪水，虽无法锦衣玉食，但至少可供一家温饱。他渐渐地安于这样的平凡生活，还利用闲暇的时间，专心做研究、写文章。他将先前五次北上旅途中的所见所闻和访谈考察的笔记重新整理，并利用县府的图书资料加以印证研究。

另外，他仍保有一颗警醒的心。尽管生活并不如意，

他也没有失去读书人的理想和气节。看清社会、政治环境的黑暗与朝廷的腐败后，宋应星已经不再是一个只懂得舞文弄墨，不了解民间疾苦的书生了，他已经能深深体会到百姓的困苦。他十分欣赏东林书院的对联："风声雨声读书声，声声入耳；家事国事天下事，事事关心。"他用这样的态度，一面钻研与民生息息相关的实用学问，一面关心天下人的事。他不时听说国家的种种内忧外患，自己却又无能为力。想到时局动荡，民不聊生，心中激荡不已的他吟诵起《离骚》中的句子："长太息以掩涕兮，哀民生之多艰。"①

有一次，他受邀到一位当官的朋友家做客。朋友的家布置得十分华贵，摆放了许多大大小小的精致花瓶。向来对各种器物观察敏锐的宋应星，马上就发现这些花瓶的质地、形制、上色、烧制各不相同，于是便兴冲冲地和朋友讨论一番："您收藏的这些花瓶各有各的特色，令人目不暇接。您可以为我介绍一下这些花瓶在制作上有什么巧妙

---

① 这两句诗的意思是："我长长地叹气，掩面哭泣，为人生道路的艰难而哀痛。"

之处吗？我实在很想知道！"

没想到，朋友却当场泼了他一盆冷水："我是个读书当官的人，怎么会有时间和心力去了解这种雕虫小技？我研究的可是经世治国的学问。像这种凡夫俗子、贩夫走卒做的手工艺品，只要有钱，多好的东西都买得到，何必知道怎么制作呢？宋贤弟，我劝你还是别把心思放在这些东西上，好好努力，再次进京考试。等到像我一样金榜题名的时候，这种东西，你要多少就有多少。"朋友一脸不以为然地说。

原本兴致勃勃的宋应星，听了朋友这一席话，才发觉自己的观念与朋友的完全不同。宋应星强忍着不满情绪，匆匆告辞。一想到因为科举及第而任高官的友人，对于读书的认识竟是如此功利肤浅，他就觉得很气愤。读书人不重视与百姓生活息息相关的学问，只知道要读死书以谋取官位与财富，无怪乎没有人重视百姓的疾苦。

尽管只是一位小小的教谕，宋应星却有满腔的慷慨激昂之情。他从民生的角度去剖析社会，期盼以结合科技的方式来进行政治的革新，挽救明末的危机。靠着一股正气和满腔忧国忧民的热情，他在担任分宜县教谕的四年中，振笔疾书，将内心翻涌不止的想法抒发于笔墨之间。他夜以继日，焚膏继晷，吐尽心中的肺腑之言。在他五十岁的那一年，他刊行了《画音归正》《原耗》《野议》和《思怜诗》等著作。

特别值得一提的是《野议》，这本书可以说是宋应星政论文章的代表作。

当时分宜县的县令曹国祺和宋应星的交情颇厚，两个人的志趣相投，又谈得来，常常一起欣赏风景，吟诗作对，讨论时局。

崇祯九年（1636）暮春三月的一天，曹国祺兴致颇浓，邀请宋应星一同到县内的风景名胜钤山游玩。盛情难却，宋应星暂时放下手边繁重的写作和研究工作，与曹国祺一同度过了难得悠闲的一天。

两人在松影轻曳中，对坐在荫凉的青石板上。清风徐来，黄鹂啼啭，他们啜饮着美酒，吟咏诗赋，十分轻松惬意。

两人正沉浸在这难得的闲适之际，突然出现的县衙

公差破坏了这美好的气氛，只见公差递上一份新到的邸报①。

两人翻阅邸报，没想到竟然瞥见一篇奇特的文章，是有人上书给皇帝毛遂自荐，论述自己具有什么样的资格，请皇帝赐予他官位。宋应星和曹县令都觉得这是件荒唐事。

不过，这篇奇怪的文章却也带给两人另一种乐趣。

两个人把这篇文章反反复复读了几次，觉得里面有些观点颇有可议之处。

宋应星说："曹先生，这篇请求授官的文章，虽称得上磊落坦率，然而写作这篇文章的人，见识却很肤浅，没有深入独到的见解。如果这样的人呈上这样的奏议就能获得官职的话，我朝的政治究竟会败坏到什么地步呢？况且连学识如此浅薄的人都敢直接上书给皇帝要求官位，政治风气的败坏实在令人担忧呀！"

曹国祺对宋应星的意见深表赞同。于是两人越聊越热烈，开始针砭社会政治的弊端，对贪官乱党的恶行大加

---

① 邸报：朝廷发布各种消息的公报。

抨击。

听着宋应星滔滔不绝的议论，曹国祺非常敬佩。

他对宋应星说："宋贤弟，你很洞悉当前时局的病征。我认为你应该把这些宝贵的意见写成文字，唤醒更多有识之士，对国家社会都是一件有益的事。"

宋应星听了这番鼓励，在回去的路上，就开始构思。兴奋不已的他，回到官署后，立刻燃起油灯，奋笔疾书。

埋首于笔墨纸张之间，宋应星的笔一动就没有停过。毛笔行过，白纸上出现了一行行由宋应星的心血思绪化作的文字，并且绵延不止。

不知不觉间，星月都已歇息，而宋应星的笔仍未歇止。

破晓时分，宋应星的书房里传来一阵长长的舒气声，呈现在书桌上的便是宋应星不眠不休的成果：超过一万字的议论文，宋应星将其命名为《野议》。

关于《野议》这个名称，宋应星在序言中就开宗明义地指出，朝议 ① 已经没有真知灼见了，可是民间的议论声

---

① 朝议：指朝廷中官方的政治评论意见。

音却越来越多。相对于朝议，这些来自民间的野议并无恶意，也无意干预朝议。

在《野议》中，宋应星揭露和批判了当时政治制度的种种弊端以及官吏腐败的情况，强调了改革各级政权机构的人事制度和国家教育事业的重要性，并且提出了实际的革新方案，包括官员编制和教育政策等。

其次，他指出了当时政府在财政、税收等经济政策上的漏洞，以及当时民生穷困的状况，并提出了革新方案和解决之道。他还旁及国防，谈论用兵、练兵和筹措军饷的方法。

对于社会方面，他也针对当时的乱象提出移风易俗，改善社会风气，提升人民精神生活的建议。他还大胆地分析了明末农民暴动的原因。

宋应星主张减免对百姓的横征暴敛，呼吁扫除贪官污吏，代之以廉洁奉公、一心为国的清官，使工农能获温饱，商人能生意兴隆，贫士有获得科举入仕的机会，各阶层的人都能各安其业。然后，全面发展农业、工业和商业，养兵练武，那么也许可以挽救颓丧的国运。书中有

许多精辟思想，譬如认为社会财富是劳动创造的，增加社会财富就要大力发展农业和工业，以提供丰富的劳动产品。

这些议论，显示出他身为知识分子的气节。虽然处于身不由己的时代，不能达成济世的理想，但是他的眼睛却是明亮的，头脑也是清醒的。

第二年，在友人涂绍煃的资助下，宋应星刊行了他一生中最重要的作品《天工开物》。

宋应星在撰写《天工开物》的时候，遭遇了不少的困难。虽然他长期四处考察，但大多只限于观察和理论记录，然而科学研究最需要实际的操作与了解，这样才能使研究成果更正确、更深入。对于许多机械器具、原料典籍，宋应星虽然很想收集起来研究，然而以他微薄的俸禄，实在难以承担这样的开销，这是一大遗憾；另一方面，缺乏可以相互讨论的志同道合的朋友，对宋应星来说，是更大的缺憾。

他在《天工开物》的序言说道："这本书重视农业的生产，而轻视金银珠宝等奢侈品。请一心追求做官的读书人，把我这本书丢在一旁吧！这本书对于你们求取功名，一点帮助也没有。"可以看出宋应星对只知道求官职而不重视人民生活的人，是相当轻视的。

宋应星写作《天工开物》，全都凭借自己对于实证学问的热情支撑着。

短短数年间，宋应星的论著不断问世。而《天工开物》和《野议》这两本代表作，分别展现了他在科学和政治两方面的最高成就。由于写作时文思泉涌，宋应星总是将想法尽快写下来，唯恐一个闪神便错漏了半分，因此他的文章较少有润色修改，引用典籍的方式也不按常规，往往手随意走。著作的行文风格大多朴素无华，言简意赅。

四年的教谕生涯在忙碌充实的研究与著述中，转眼飞逝了。他在研究上表现突出，本职工作也十分称职，不论是分宜县令曹国祺还是县学中的学生、同事，对他的表现都给予很高的评价。因此，在四年的任期届满之后，他被拔擢为福建省汀州府推官，掌管刑狱审判。这是宋应星五十二岁的事，时年崇祯十一年。

汀州府位于武夷山东边，境内多为起伏的丘陵与茂盛的森林。由于素来有盗匪出没，社会治安并不安定。

就在宋应星到任的前一年，这里发生了一场暴动。带头的领袖是海盗出身，人称陈缺嘴，他在距漳州五十里，离海不到一百里的南靖建立了根据地。这一支由陈缺嘴所领导的武装力量，从南靖攻入了汀州府的永定县。

宋应星到任后，便派遣兵力驻扎在漳州的漳南，等候时机，围攻陈缺嘴。

双方经过一阵厮杀，陈缺嘴被杀身亡。在群龙无首的情况下，武装势力旋即瓦解。事后，宋应星对于受到煽动的农民，下令从宽处理，大部分人都获得释放。

体恤农民疾苦的宋应星，万万没有想到，两年以后，获得释放的陈缺嘴部队的残余，竟又聚集在沿海的岛屿、港口，再次暴动。地方督抚得知这样的情况，震怒之余，责备宋应星处理不当，姑息养奸。宋应星表示愿意负起责任，只身前去劝说他们。督抚担心宋应星的安全，打算派大军掩护他并一举消灭这些人。但是宋应星并不同意以武力的方式来处理。

于是他独自深入他们的阵地，动之以情，晓之以理，最后顺利招降分化了这些人，让他们各自散去，并焚毁了他们的营寨，平定了这场暴动，更避免了一场流血冲突。

宋应星虽然平定了暴动，不过这个事件却影响了他的政治生涯。朝廷认为是因为他先前处理不当，才导致后来更大的动乱。

原本只求安稳而走回当官之路，在有机会实践自己的理想时，却不被谅解。宋应星想起志同道合的友人刘同升，不如归去的念头油然而生。他挂念多年不见的老朋友，不知道他这些年来，是不是也有许多不为人知的境遇。于是，宋应星毅然抛下官职，准备回乡去拜访老朋友。

三十年的岁月犹如一瞬，记得那时候他们都还年轻，在一次游历九岭山的旅途中，宋应星与江西吉水的秀才刘同升偶然相遇。在攀谈时，宋应星发现刘同升谈吐文雅，见解不凡，抱负远大。两人越聊越投机，都有相见恨晚的感觉。加上两人同年，更觉得有缘分，于是变成了知交。短暂交会后，两人各奔前程。临别前他们相约三十年后同月同日，在刘同升的家乡重聚。

为了这个约定，宋应星日夜不停地赶路，翻山越岭，急切地要赶在两人相约的那一日抵达江西吉水。

　　一诺千金，他的老朋友刘同升正在等待着他的赴约。两人见面的那一刻，酸甜苦辣尽在不言中。

　　宋应星这才知道，刘同升在天启元年中举人，而后又于崇祯十年时，高中状元，被派任为翰林院修撰。由于他为人耿介正直，为官清廉。在一次联名弹劾当朝权臣时，崇祯皇帝无法接纳进言，反而在盛怒之下，将刘同升贬为福建按察使知事。刘同升因此托病辞官，返回家乡。

　　当年两个意气风发的青年才子，而今身上已留下岁月的痕迹。当年的慷慨激昂，都在两个人各自的人生历练、官场失意中，淬炼成另一种历经风霜后的洒脱。

　　人生的酸甜苦辣，在与好友的谈笑间，获得些许的抚慰。只是，两人都没有想到，这次分离，便是永别。

　　宋应星回到奉新老家居住期间，李自成领导的农民起义正风起云涌，各地都有民众纷纷响应，天下一片混乱。在奉新县也有一对木工兄弟李肃十、李肃七，组织了一支以农人、工人为主的军队。参与的人都在头上绑着红色的

头巾，因此称为"红巾军"。他们打着"杀贪官、除恶吏，劫富济贫"的口号，以惊人的速度将势力扩展到靖安、安义地区，势如破竹。朝廷曾经多次派兵前往围剿，都无功而返。

原本想在奉新静静隐居的宋应星，知道这一对兄弟和自己是同乡，心中充满感慨。他知道底层人民的疾苦，但是暴乱只会使更多人家破人亡、流离失所。他认为自己身为一个读书人，对社会有一份责任。苦思了许久，最后他下定决心，将自己所有的家财，都用来招募义勇军，帮助朝廷平乱，并且与奉新的兵备道陈起龙等人，研究局势和计谋，最后，终于成功地平息了这场暴动。

宋应星在闲居了一段时间后，接到了命他出任亳州知州的政令。知州是州一级的最高行政长官，这也是宋应星一生中担任过的最高官职。

其实，亳州此时已是残破不堪。在宋应星到任前，亳州一直被李自成的军队所占据。当他们进入亳州后，官府被焚烧，衙门被捣毁，而原本的知州何變也在混乱中被杀。由于李自成军队的主力已经节节逼近京师，明王朝仅

存一息，即将崩毁，因此他们便放弃满目疮痍、断壁颓垣的亳州，转向京城。

面临灭亡危机的明朝政府，根本没有余力再顾及亳州。虽然如此，临危受命却又没有朝廷支持的宋应星到任后，仍尽力修复府衙，并招回流亡在外的百姓。向来重视教育的宋应星甚至买下城南的薛家阁，准备改建成一所书院。无奈时代巨变，烽火连天，硝烟四起，亳州面临百业凋敝、民不聊生的现状，哪里还能推行什么建设呢？宋应星心有余而力不足，壮志难酬，对当官已无任何留恋，因此不到一年，他便写了一封信，表达辞官之意，请求朝廷允许他卸下亳州知州的官职，回乡养老。

6. 不安的晚年

崇祯十七年（1644）三月，李自成所率领的起义大军进入京城，崇祯皇帝在煤山上吊身亡，明朝宣告灭亡。明福王朱由崧逃到南京，建立了南明小朝廷。

在此同时，镇守山海关的明朝将领吴三桂投降清廷，与清兵的首领多尔衮联手围剿李自成。李自成大败，退至山西。清兵大举入关。

许多志士不断挺身而出，集结抗清力量，阻止清兵势力继续南下。在宋应星结交的朋友中，有很多直言敢谏、清廉正派的官员，他们不肯和清廷妥协，积极投身抗清的活动。

宋应星任分宜县教谕时的长官曹国祺，在清兵直逼分宜县之际，临危不乱，率兵抵抗，冲出包围，将军队迁移到地势险要的上商。后来更联合曹志明等人抗清，附近的

群众纷纷响应。

次年年底，曹国祺率兵攻入新昌县。随后又联合明朝的将领，围攻南昌城。曹国祺在战场上身先士卒，奋勇作战，本以为胜利在望，却因与其他部队的协调不顺，遭遇清兵三路夹攻，曹志明不幸身亡，曹国祺退入湖广。

听闻昔日的长官、好友曹国祺英勇的战事，宋应星佩服不已。昔日与自己一起饮酒赏景、吟诗作对的文弱书生，竟有能力指挥军队，驰骋沙场。原来这位当年鼓励他写作《野议》的志同道合的友人不仅是一位文人雅士，更是武功卓著的戎马英雄，这真出乎他的意料。另一方面，宋应星也有时不我予的感慨，原本读书以求服务天下的文人，竟然也要驰骋战场，他不禁为好友的安危而担心。

另一个让宋应星担心的就是好友刘同升。当清兵逼近江西时，刘同升也毅然举兵抗清。他率领军队越过武夷山，一口气攻下了位于江西南部的重要据点——赣州。刘同升势如破竹，乘胜追击，转向北上，击破吉安、临江等地。刘同升因收复失地有功，获得南明朝廷的拔擢。

此时，刘同升距离宋应星所在的奉新县不远。宋应星十分关心好友的情形，他一直在等待着刘同升率兵攻抵奉新，两人能够再次聚首。然而，宋应星等到的却是噩耗。同年五月，清兵已经攻破南明朝廷的首都南京，在赣州军营中的刘同升听到这个消息，悲愤不已，想到长久以来辛苦征战的成果丧失殆尽，胸口一阵发热，口中吐出鲜血，倒地而亡，享年五十九岁。回想起五年前的别离，宋应星感慨万千，不胜唏嘘。

坏消息一个接着一个传来。宋应星的另一位朋友姜曰广原是明廷重臣，因为被阉党视为东林党人而被排挤，不断在宦海浮沉，最后被逼得辞官返回江西老家休养。姜曰广虽然已辞去官职，但仍致力于各种抗清行动。一位曾投降清廷的明朝将领金声桓在率兵攻进江西后，突然再度倒戈，宣告效忠明朝，投奔姜曰广。金声桓打着姜曰广的名号，号召抗清，在江西以及邻近地区获得极大的响应。金声桓也借此洗刷了自己曾投降敌人的污名，再次获得百姓的支持。众人团结一致，因此战无不胜。

在一次战斗中，姜曰广的军队误入清军设下的埋伏。金声桓壮烈牺牲。姜曰广虽得以脱身，然而，他见到自己的部下被全歼，南明王朝也无力回天，就投池自尽了。

抗清活动虽如火如荼地展开，但是势单力薄的文人志士仍无法改变局面。一个接着一个，宋应星的至交好友为了理想和气节付出了生命，然而南明朝廷却是腐败不堪，还准备投降清朝，以维持苟且偷安的局势。

面对这样的冲击，宋应星既悲又愤，隐居家乡的他，心潮澎湃，无法平静。此时年逾七十的宋应星，已经无法骋赴沙场，率兵抗清了。他满腔的慷慨激昂，只有寄托于纸笔，借由文章来期盼更多的仁人志士能够挺身而出，共同阻止清兵南下。

其中耗费他最多心力的，是对《春秋》进行注释，另外他还对少数民族的历史进行考察，写成《春秋戎狄解》，可惜的是这本著作已经失传了。不过，宋应星曾经将《春秋戎狄解》寄给好友陈弘绪。

陈弘绪回信给宋应星，信中对这本书高度赞赏。他认为宋应星的注释详尽，见解独到，对研究春秋的人有很大的帮助，尤其可以弥补汉代经学大师马融和郑玄的不足之处，并且修订了许多前人的错误。

陈弘绪不仅盛赞它为不灭的鸿篇，还看出宋应星写这部书的真正意图，在于借古喻今。在清兵逼临京城，南明王朝见风使舵的时刻，这本《春秋戎狄解》具有深刻的寓意。能得此知音，宋应星自是宽慰，而哥哥宋应昇即将返乡的消息，更让他欣喜。

自明朝灭亡后，忧国忧民的宋应昇，更是万念俱灰。他断然拒绝清廷要他留任广州知府的任命，扔下乌纱帽，返回奉新老家。

阔别十多年，兄弟重逢，应该是天大的喜事，然而，此时正是改朝换代、生灵涂炭的悲痛时刻，兄弟相见，百感交集，不禁悲从中来。

年事已高的宋应昇，心中仍是慷慨激昂，正气澎湃，挂念着天下的安危。他写诗作文，指点江山，却因悲愤过度而一病不起。

宋应昇虽有满腔热血与忧虑，却卧病在床，无力改变现状，觉得活在世上已无意义，于是留下两首绝笔诗之后，饮下剧毒，自杀而亡。

好友、同事相继过世，现在又面临至亲兄长的逝

世，宋应星捧着兄长遗留下的绝笔诗笺，欲哭无泪，痛不欲生。

从小形影不离的情深手足，一起相伴苦读考试数十载的兄长，就这么撒手人寰。往昔共同联句吟诗，畅谈国事的光景，此后只存在回忆之中了！

悲痛之余，宋应星心中的孤独感油然而生，让他有无以为继的感觉。然而他想到自己为哥哥的《方玉堂全集》校订的首版，印量不多，他还需要为再版进行校订；哥哥一生的事迹和著作还有待整理和记录，他还想为哥哥写传记……凡此种种，让宋应星打起精神，决定好好地恪尽本分，这样也算是对兄长致上他的敬意和感激。

亲自送完兄长最后一程，宋应星继续过着隐居生活。尽管清廷要求他做官，他仍旧不为所动，拒绝仕进。

曾对宋应星所写的《春秋戎狄解》给予高度肯定的友人陈弘绪，此时正着手编纂地方志《南昌郡乘》，记载当地杰出人物事迹。因此，陈弘绪邀请宋应星为这本书写一篇《宋应昇传》。这正是宋应星一直希望为哥哥做的事，他二话不说就答应了。再也没有人比他更了解宋应昇的为人与事迹了，他信手拈来，往事历历在目。宋应昇的传记，就在宋应星充满怀念的感情中，顺利地完成了。

在编完《南昌郡乘》的第二年，陈弘绪便辞世了。他也如同宋应星其他的好友一般，一身傲骨，终其一生没有接受清廷的一官半职。他选择放弃优渥的生活，不愿为五斗米折腰，利用余生编写了一部地方志，纪念抗清的志士好友，也借此表达他的理想与气节。

在陈弘绪辞世后不久，宋应星也与世长辞了。他的遗体和宋应昇一起安葬在宋村的祖坟里。

宋应星有两个儿子，长子宋士慧，次子宋士意。据说两兄弟的样貌与父亲神似，并且都聪颖好学、文质彬彬，善于诗文写作，而且也像父亲和伯父一样手足情深，形影不离。村里中的人见了，都称他俩为"双玉"。

虽然宋士慧和宋士意两兄弟在学塾里表现非常优异，他们却没有踏上科举求仕的路途。

宋应星曾经以自己五上公车不第，白白耗去了家产与宝贵青春年华的经历告诫儿子。他也将自己半生徒劳的体悟，以及对社会政治黑暗的感慨告诉儿子，为的就是让他们了解科举的虚无荒唐、不切实际，也殷殷期盼自己的子孙不要走这样的冤枉路，更不要为了贪图官位名利而降低了知识分子的人格。

在父亲日常的谈话中，宋士慧、宋士意两兄弟也听闻了许多关于父亲的朋友、师长坚守气节、不仕清朝的事迹。他们的高风亮节与正气凛然的操守，在兄弟俩的心目中，就是读书人该有的形象。两兄弟从父亲宋应星身上继承了远离官场、追求实际学问的作风。

这样的家风，一代传一代，宋应星的孙子宋一仪、宋一传等也同样遵循着祖父的遗训，淡薄功名，远离官场，在家乡安心耕读。

不仅如此，宋应昇的三个儿子宋士颖、宋士颞、宋士顼，以及三代以内的子孙，都没有人再走上科举的路。

7.《天工开物》

　　昔人日已远，宋应星的名字，在历史上虽然知者不多，但是他费尽苦心写成的《天工开物》，却奠定了他在中国科技史上的重要地位。现在我们不妨通过这本书，从另一个角度，更深入地了解宋应星的不凡之处。

　　宋应星出生的江西省，自古以来便是物产丰饶的地方，所以不论农业还是工业都很发达。而这些大地的资源，都是宋应星写作《天工开物》的养分。江西的特产，例如名闻遐迩的景德镇陶瓷，产量仅次于东三省的萍乡煤矿，以及经济作物蓝靛、桕油、桐油、苎麻等，都一一被宋应星收入笔下，写成深刻又生动的篇章。

　　《天工开物》刊行于崇祯十年，距他中举已有二十多年。从他五次进京赶考，到在分宜县当教谕，他的足迹遍及大江南北。宋应星有广泛的兴趣，他在各地的游历，不是抱着走马看花，仅止于欣赏风花雪月的态度，如同他在《天工开物》的自序中写道："幸生圣明极盛之世，滇南车马，纵贯辽阳。岭徼宦商，横游蓟北。为方万里中，何事何物，不可见见闻闻？"① 充分显露出他对万事万物的好奇心及享受旅行的乐趣。随着旅途的开展，他得以在各地收集科学技术的相关资料，也因而使得《天工开物》的内容包罗全国各地各方面的技术，成为内容广泛的科技百科全书。

那么，《天工开物》这个书名是怎么来的呢？"天工"，指的是存在于自然的，可以用以生产创造的物质；"开物"则是顺应天工，以人的技术与技巧，运用这些物质，来创造有实用价值的物品。以宋应星的观点来看，我们如果要创造各种物质财富，除了依靠自然界的力量，也要依靠人本身的技巧去开发利用，两者相辅相成，缺一不可。由此可知，"天工开物"合起来的含义是自然界形成的万物以及人靠本身的技术对万物的开发与利用。宋应星将中

---

① 这段话的意思是："幸好出生在圣明兴盛的时代，云南的车马能够贯通到北方的辽阳，岭南边界的官员商人能够横越山路到蓟北去。在这广大的土地上，有什么事物不能到处听听看看，见识一番呢？"

国哲学中重视"人"的传统，与其本身所钻研的实证科学系统地融合，提出了"天工开物"的观点，称得上是一种创见。

《天工开物》极为可贵的一点是宋应星对科学方法和科学精神的重视，也就是"穷究试验"的原则，这与近代西方科学方法十分相似。

宋应星重视实学，而鄙视那些只知博取功名而不重视实验的空谈者。他在书中谈论火器的一段里写道："火药火器，今时妄想进身博官者，人人张目而道，著书以献，未必尽由试验。"① 书中还记载了他亲身操作的试验结果，介绍了蓖麻子、樟树子、莱菔子、芸苔子、苋菜、亚麻与大麻仁等油料榨油时的出油率，然后指出："此其大端，其他未穷究试验、与夫一方已试而他方未知者，尚有待云。"② 他对尚未经过实验证实的观点，一律采取保留的

---

① 这段话的意思是："对于火药和火器，现在有很多妄想着谋取官位的人，每个人都只用眼睛看看就信口开河写成书籍呈给上位的人，但未必每个人都有亲自操作火药火器的试验。"
② 这段话的意思是："这是大概的情况，其他没有全部实验和仅试验了一种方法而不知道其他方法的情况，都还有待讨论。"

态度。

《天工开物》的重要性还体现在它常常被其他学者广泛引用。

《天工开物》最早是在崇祯十年时，在宋应星的好朋友涂绍煃的慷慨资助下才得以顺利刊行的。因此，后人便将这个版本称作"涂本"，以纪念涂绍煃的功劳。

第一版《天工开物》在江西南昌府刊刻发行后，立刻受到学者的关注。这本书对于少数关心科技的学者来说，无疑是一本难得的参考书。

崇祯末年，明朝另一位著名的学者方以智[①]，对科学同样也有很高的兴趣。方以智对天文、地理、历史、物理、生物、医药、文学、音韵等都颇有研究。他在学问上强调"质测"，也就是强调实验操作，这点与宋应星相互呼应。他在研究物理、化学，尤其是在金属冶炼方面的问题时，深受没有专门著作可供参考之苦。因此，研究遇到

---

① 　方以智：字密之，号曼公，桐城人。明末清初思想家、科学家。著有《通雅》《物理小识》《东西均》《药地炮庄》《浮山集》等书。少年时参加"复社"活动。曾在游历江西南昌时，和宋应星相识。他亲切地称呼宋应星为"宋奉新"。

了瓶颈。恰巧经由朋友的介绍，他得到一部《天工开物》，详加阅读之后，喜出望外，因为他找到了他所需要的参考资料，突破了瓶颈，写成了重要的科学著作《物理小识》。方以智在《物理小识》的卷七金石部中，引用了《天工开物》的内容，大意是："宋应星说：将赤铜以炉甘石或倭铅掺和会成为黄铜，以砒霜炼制会成为白铜，加入矾硝等药去炼制，则会产生青铜。若是与广锡混合，则会产生响铜……"

另一位著名的哲学家王夫之，读过《天工开物》之后，也获得很多思想上的启发。可见《天工开物》不只是单纯的科学书籍，还包含了宋应星的许多独到思想见解。

《天工开物》在江南地区十分畅销，很快便销售一空。在那段充满战争与动乱的日子里，实在是难能可贵的事情。当时有位书商杨素卿发现《天工开物》很受欢迎，供不应求，于是决定将最初的"涂本"改版，继续发售。当新版的《天工开物》的印刷版雕刻好时，明朝已经灭亡，而清朝刚刚建立。

为了使《天工开物》能够在清朝的监控下顺利发行，

他将宋应星原序中的崇祯年号去除，将"我朝""国朝"改为"明朝"，并删订鄙视满人的字眼。然而，他仍有许多疏漏的部分，例如《佳兵》篇中出现多次"北虏""东北夷"等字眼，他都没有改正。所幸清朝初期，百废待兴，对于这一类文字的管制还未严厉执行，因此"杨本"的《天工开物》才得以顺利出版。

新版的《天工开物》，杨素卿采用了福建竹纸来印制，并且加上句读。更特别的是，新版本的扉页上，在"宋先生著""天工开物"两行大字的间缝有双行小字："内载耕织造作炼采金宝""一切生财备用秘传要诀"，下方是"书林杨素卿梓"，还加印横排四字"一见奇能"。从扉页上的费心编排可以看出，《天工开物》不仅为学者所重视，一般百姓也把它当成一本与谋生技能息息相关的参考书，无论农工商业，都能从中获得有用的信息。

到了清朝，《天工开物》仍旧被官方学者引用。如花了近十六年，共计一万卷的百科全书《古今图书集成》，便大量参考了《天工开物》中的资料。

而另一套农业专书《授时通考》，也引用了《天工开物》中《乃粒》与《乃服》的部分内容。然而，除了这两次大规模的引用之外，在时代的变动中，《天工开物》渐渐被忽略，最后竟然连抄写的版本都完全散失了。

不过《天工开物》并没有就此消失。它首先流传到了日本。江户时代，《天工开物》便已经在日本学术界广为传阅，由于书源并不充足，许多学者甚至自己用手抄写。一直到日本明和八年（1711）时，《天工开物》的第一个外国刻本在大阪出版。因此在日本，除了流传着正式刊印出版的《天工开物》外，还保留许多手抄的副本。当我们观察日本在17、18世纪间所写成的科技书籍中，可以发现不少引用《天工开物》内容的证据。

日本著名的学者、京都大学的教授薮内清曾经说过："整个德川时代读过这部书的人很多，特别是研究技术方面的人……《天工开物》成为一般学者的优秀参考书。"

《天工开物》不只影响了日本的科学技术，还影响了整个日本的思想界。18世纪的时候，日本的哲学界、经济学界曾掀起一阵研究"开物之学"的风潮。其中一位领导人物佐藤信渊曾发表他对"开物"的看法："开物，就是经营国土，开发物产，富饶境内，养育人民的事业。"这样的观点，后来被学者认为是来自《天工开物》的启示。

《天工开物》流传的踪迹，比我们所能想象到的还要远。不仅是日本，早在18世纪时，《天工开物》就已经流传到了欧洲。到了19世纪，法国的汉学家儒莲与化学家商毕昂，将《天工开物》的《丹青》篇中的银朱和制墨，《五金》篇中的制铜，《乃服》篇中的蚕桑，以及《杀青》篇中的造竹纸等内容，按照清朝的资料与商毕昂所做的科学考据作了注释，并收录了一些插图，在巴黎出版。这样的编排方式让《天工开物》更能被欧美读者所接受。

因此，儒莲翻译的《天工开物》的法文译本，在欧洲各地被转译成了英文、德文、意大利文、俄文等不同语言的版本，大受肯定。

为什么《天工开物》在欧洲会受到如此的重视呢？因为《天工开物》是经过宋应星亲身的实验与考据，严谨翔实，是一部堪称专业的科学论述书籍。书中载录了中国自古流传下来，人民在生活中实践、累积的宝贵经验与科学技术的精髓，这对当时正开始探索防治蚕病与铜合金制造的欧洲来说，具有重要的参考价值，也提供了丰富的经验。甚至可以说，欧洲人首次利用竹纤维造纸，也是间接受到《天工开物》的启发。

以进化论闻名于世的生物学家达尔文也读过宋应星的《天工开物》。他在读了儒莲的译本后，盛赞它为"权威著作"；英国的化学家梅洛、俄国的植物学家贝勒，都曾经在自己的研究论述中引述了《天工开物》的内容。一直到20世纪，仍有许多学者对《天工开物》感兴趣，并对它进行研究。例如德国的学者蒂落，曾在1964年时将《天工开物》的前四篇《乃粒》《乃服》《彰施》《粹精》翻译成德文并加以注释；美国宾夕法尼亚大学教授任以都博士，也参考了许多中外版本，将明朝的杨本《天工开物》全书翻译成英文，并加上注解，于英国伦敦和美国宾夕法尼亚州两地同时出版。这是《天工开物》在欧洲的第一本全译本。

在世界各地广为流传的《天工开物》，却一直到民国初期才被中国人"找回家"。

这得从学者丁文江说起。丁文江是中国近代一位杰出的地质学家，有一次到云南深入考察时，他读到了《云南通志》的《矿政篇》，里面引用了《天工开物》冶铜法的内容，描述得十分详尽。他从云南回到北京时，便希望找到《天工开物》的原书，以便能一窥全貌。没想到寻找《天工开物》的过程，竟是困难重重。他探访许多收藏古书的专家，也一无所获。后来听闻他的好友章鸿钊曾在日本东京帝国图书馆见过《天工开物》，于是又辗转请托日本的朋友进行抄录，也久无音讯，日子久了，他也渐渐淡忘了这件事情。

相隔六七年后，丁文江迁居天津。一次在与前辈罗振玉聚会时，偶然谈到寻找《天工开物》的经过。很凑巧，罗振玉好不容易从日本一位古币收藏家那里，以珍稀的古币换回了一套《天工开物》刻本。他看丁文江也这么苦心搜寻《天工开物》，于是就慷慨地出借了。

丁文江立刻进行副本的抄录工作，并加上句读。可是因为其中有许多书页被蛀虫咬得残缺不全，书中的错字也不少，加上内文十分简要，术语又多，很难明白原义。丁文江想取得其他版本作为对照，没想到这更是难上加难。因此校订的工作常常是做一段停一段，迟迟没有完成。

一直等到民国十五年，章鸿钊从日本带回来一部较完整的菅生堂版《天工开物》，丁文江才得以借此对照。不过陶湘根据日本尊经阁本和清朝出版的《古今图书集成》互相校订整理的《天工开物》，不久后就抢先刊行了。

几经波折，《天工开物》终究又回到中国的土地上了。

《天工开物》包罗了哪些内容呢？它分上、中、下三卷，共十八篇，依次为：

《乃粒》：介绍各种主要粮食的栽培、水利、灾害。

《乃服》：介绍丝、棉、裘等各种质料的培育、织造。

《彰施》：织物用的颜料生产以及染色技术。

《粹精》：各种主要粮食的加工技术。

《作咸》：海盐、池盐、井盐等的制造生产技术。

《甘嗜》：从栽培到制糖的生产技术。

《陶埏》：砖瓦陶瓷的生产技术。

《冶铸》：铜铁金属的铸造技术。

《舟车》：各式车、船的制造技术。

《锤锻》：各种铁质生产工具的锻造技术。

《燔石》：各种矿石的采收及生产技术。

《膏液》：各种食用油和工业用油的制油技术。

《杀青》：造纸技术。

《五金》：金银铜铁锡铅的炼制技术。

《佳兵》：兵器及火药的制造生产技术。

《丹青》：文书用的各种色料和墨的制造技术。

《曲糵》：酿酒技术及曲类生产。

《珠玉》：各种宝石类的采取及加工技术。

　　光从这十八个内容分类来看，就可以看出宋应星的博学多闻。宋应星在《天工开物》的序文中提到，本来还有《观象》与《乐律》①两篇。不过，他谦虚地承认对这两种技术不够了解："我对天文和音乐不敢说熟悉，所以在付印之前将它们删掉了。"

---

① 《观象》指的是观测天文的方法技术，《乐律》则是讲乐器音乐。

宋应星，真是一位多才多艺又谦逊的学者！

要写《天工开物》这样一本涵盖广泛的科技百科全书，作者本身必须具备足够的知识与学养，并且需要耗费大量的时间到各地进行考察，才有可能完成。我们虽无法得知宋应星实际花了多少时间完成《天工开物》，不过可以肯定的是，和中国的其他科学家一样，宋应星也投注了大量的精力从事研究和写作。

另外，值得一提的是宋应星将《天工开物》的读者设定为上层社会的统治者。这是因为宋应星生长于明朝由盛转衰的时期，加上他自身的境遇与特殊的学术性格，使得他致力于对改善民生有最直接效益的实用技术研究。不过，他也了解想要真正改善民生疾苦，终究还是得靠政府官员的推行。所以，宋应星借由撰写《天工开物》对统治者大声疾呼，希望能够改革政治流于理想化与空谈的风气。

宋应星的《天工开物》虽然从深度上看算不上是一本高度专业的科学理论书籍，但是它为我们保留了许多时常被我们忽略的中国传统生产技术。

宋应星科举不利，走上仕途后却无法发挥所长，造福百姓；虽然了解到问题的所在，却也无力进行改革。他的心情，想必是十分复杂与矛盾的吧！

宋应星从小就是个兴趣广泛的人，除了参加科举考试必备的学识和八股文答题技巧外，对音乐、科技、工艺、农业都有广泛的涉猎。再者，他长久地深入民间，明白民生问题的解决有赖于实用知识的推广与落实。因此他能够走出不着边际的空谈以及科举考试的局限，转而投向实学的研究，使得知识分子对社会的关怀能够落实在人民的生活中。

虽然宋应星只当过地方官员，但是这也在无形中使他免于受到当时政治歪风的污染。从另一个角度来看，他也因此能够深入地方，将他的想法结合实际，而不至于流于空谈理论。仕途的不顺遂，反而让他追求知识学问，另辟蹊径，求得一片天地。

若仅就《天工开物》这本著作而将宋应星归为科学家也许并不全面，尽管宋应星的其他著作很晚才被发现。但是从他的那些著作来看，他同样也是一位优秀的社会学家。

宋应星小档案

1587 年　出生于江西南昌奉新县。

1615 年　与兄长宋应昇参加江西省试，同时中举。而后五次应试不第。

1634 年　任江西分宜县教谕，开始编著《天工开物》。

1636 年　撰写《野议》，揭露批判当时政治制度的弊端以及官员腐败的情况，并提出革新方案。

1637 年　由友人涂绍煃资助刊刻《天工开物》。

1638 年　任福建汀州府推官，掌管刑狱审判。

1643 年　任亳州知州。

1644 年　弃官回乡。

1666 年　辞世。